Dr. Oetker

Konfekt

Dr. Oetker

Konfekt

Dr. Oetker Verlag

Vorwort

Schließen Sie die Augen und genießen Sie zart schmelzende Konfektmomente.
In jedem Fall ist die perfekte Verbindung von Schokolade, Frucht, Likör und Nuss eine Sünde wert.

Konfekt – schokoladig und klein.
Konfekt – fruchtig gefüllt oder feinherb umhüllt.
Konfekt – beschwipst oder nussig.

Lassen Sie sich verführen mit Schokoladen-Cognac-Trüffeln, Maraschino-Maronen-Stangen und Cassis-Pralinen. Verwöhnen Sie Ihre Freunde mit fruchtigen Sauerkirsch-Marzipan-Igelchen, Zitronenkugeln und flammenden Herzen. Belohnen Sie sich mit orientalischem Konfekt, gestrudelten Schoko-Erdnuss-Pralinen und Mandel-Ingwer-Krokant.

Wer will diesen sinnlichen Verführungen widerstehen? Gönnen Sie sich und Ihren Lieben ab und zu ein kleines Stück vom süßen Konfektglück.

Machen Sie Ihre Küche zur Konfekt-Manufaktur und das Wohnzimmer zur Probierstube.

Alle Rezepte sind einfach und gut nachvollziehbar beschrieben, ausprobiert und gelingen sicher.

50 g abgezogene, gemahlene Mandeln | 1 Vanilleschote | 250 ml (¼ l) Milch | 100 g Marzipan-Rohmasse | 100 g Instant-Polenta | 4 EL Mandellikör

25 g gehackte Mandeln | 150 g Edelbitter-Schokolade (70 % Kakaoanteil) | 20 g Schlagsahne | ½ TL gemahlener Zimt

Mit Alkohol | etwa 30 Stück

Zubereitungszeit: 60 Minuten, ohne Kühlzeit
Haltbarkeit: gekühlt etwa 2 Wochen
Pro Stück: E: 2 g, F: 5 g, Kh: 7 g, kJ: 352, kcal: 84, BE: 0,5

1. Die gemahlenen Mandeln in einer Pfanne ohne Fett unter Rühren goldbraun rösten. Die Vanilleschote der Länge nach halbieren und das Mark herauskratzen.

2. Die Milch mit dem Vanillemark in einem Topf unter Rühren zum Kochen bringen. Marzipan in kleine Stücke zupfen und hinzugeben, dabei mit einem Schneebesen so lange rühren, bis das Marzipan geschmolzen ist.

3. Die Marzipanmilch unter Rühren zum Kochen bringen. Polenta langsam einrieseln lassen, aber dabei mit dem Schneebesen kräftig rühren. Das Ganze etwa 5 Minuten unter Rühren köcheln lassen. Dann Mandellikör und geröstete Mandeln unterrühren.

4. Die Polenta-Masse in eine Schüssel umfüllen und lauwarm abkühlen lassen. Dabei die Polenta-Masse immer wieder umrühren, damit sich keine Haut auf der Oberfläche bildet.

5. Die gehackten Mandeln ebenfalls in einer Pfanne ohne Fett unter Rühren goldbraun rösten, dann auf einen Teller geben.

6. Aus der lauwarmen Polenta-Masse mit leicht angefeuchteten Händen etwa 30 glatte Kugeln formen und diese erkalten lassen.

7. Die Schokolade hacken, mit Sahne in einem Topf im Wasserbad bei schwacher Hitze unter Rühren schmelzen. Schokolade lauwarm abkühlen lassen.

8. Die Polenta-Kugeln am besten mithilfe einer Gabel in die Schokolade tauchen. Die überschüssige Schokolade durch Schütteln abtropfen lassen. Die Kugeln auf Backpapier legen und so lange die Schokolade noch feucht ist, mit den gehackten, gerösteten Mandeln bestreuen und mit Zimt bestäuben.

9. Die Polenta-Pralinen in gut schließenden Dosen zwischen Lagen von Backpapier gekühlt aufbewahren.

Polenta-Pralinen

Panforte-Konfekt
„White Hawaii“

75 g Macadamia-Nusskerne (geröstet und gesalzen) | je 75 g getrocknete Mango, getrocknete Papaya und getrocknete Ananas | 75 g kandierter Ingwer | 75 g Erdnusskerne (geröstet und gesalzen) | 50 g Kokosraspel | 150 g Weizenmehl | 350 g weiße Schokolade | 175 g Zucker | 325 g flüssiger Honig | ½–1 TL Cayennepfeffer | 1 TL frisch geriebene Muskatnuss | 1 TL gemahlener Piment | 2 Bio-Limetten (unbehandelt, ungewachst) | 3 EL weißer Rum

Für den Guss: 100 g Edelbitter-Schokolade (70 % Kakaoanteil) | 1 EL Schlagsahne

25 g getrocknete Papaya

Etwas aufwendiger | etwa 55 Stück

Zubereitungszeit: 50 Minuten, ohne Abkühlzeit | **Backzeit:** 30–35 Minuten
Haltbarkeit: kühl und trocken etwa 3 Wochen
Pro Stück: E: 1 g, F: 5 g, Kh: 18 g, kJ: 524, kcal: 125, BE: 1,5

1. Eine Springform (Ø 26 cm, Boden und Rand gefettet) mit Backpapier auslegen. Dazu aus Backpapier einen passenden Kreis ausschneiden und auf den Springformboden legen. Für den Rand einen passenden Streifen ausschneiden und an den Rand legen.

2. Den Backofen vorheizen.
Ober-/Unterhitze: etwa 160 °C
Heißluft: etwa 140 °C

3. Macadamia-Nusskerne halbieren. Mango, Papaya, Ananas und Ingwer etwa 1 cm groß würfeln. Die Fruchtwürfel, Macadamia- und Erdnusskerne, Kokosraspel und Mehl in einer großen Schüssel mischen.

4. Weiße Schokolade hacken, in einem Topf im Wasserbad bei schwacher Hitze unter Rühren schmelzen.

5. Zucker und Honig in einen anderen Topf geben, Cayennepfeffer, Muskat und Piment hinzufügen. Das Ganze bei schwacher Hitze so lange rühren, bis sich der Zucker aufgelöst hat. Den Topf von der Kochstelle nehmen.

6. Limetten heiß abwaschen, abtrocknen und die Schale fein abreiben. Limettenschale unter die Honigmischung geben. Rum ebenfalls unterrühren.

7. Die Honigmischung und geschmolzene Schokolade zur Früchtemischung geben, mit einem Holzlöffel gleichmäßig untermischen (die Masse ist recht fest, etwas zäh, aber sie klebt nicht). Die Masse in der vorbereiten Form verteilen, evtl. mit einem Esslöffel festdrücken und glatt streichen.

8. Die Form auf dem Rost im unteren Drittel in den vorgeheizten Backofen schieben. Panforte **30–35 Minuten goldbraun backen**.

9. Panforte nach dem Backen (das Gebäck ist jetzt noch weich) abkühlen und 12–16 Stunden bei Zimmertemperatur stehen lassen.

10. Panforte aus der Form lösen und mit einem scharfen Messer in etwa 2 ½ cm große Würfel schneiden.

11. Für den Guss die Schokolade in Stücke brechen und mit der Sahne in einem Topf im Wasserbad bei schwacher Hitze unter Rühren schmelzen. Die Schokolade lauwarm abkühlen lassen. Papaya in kleine Würfel schneiden.

12. Die Panforte-Würfel am besten mit einer Pinzette oder mithilfe von 2 Teelöffeln so in die Schokolade tauchen, dass eine Oberfläche mit Schokolade bedeckt ist. Die überschüssige Schokolade durch vorsichtiges Schütteln abtropfen lassen.

13. Die Würfel auf Backpapier legen und je einen Papayawürfel auf den noch feuchten Guss legen. Guss trocknen lassen.

14. Die Würfel in gut schließenden Dosen zwischen Lagen von Backpapier kühl und trocken aufbewahren.

Tipp: Für alkoholfreies Panforte-Konfekt können Sie den Rum auch weglassen.

Schokoladen-Cognac-Trüffel

(1)

(2)

200 g Edelbitter-Schokolade (70 % Kakaoanteil) | 100 g Vollmilch-Schokolade | 150 g Schlagsahne | 50 g weiche Butter | 3 EL Cognac | 50 g Kakaopulver

Kleine Sünde | etwa 40 Trüffel

Zubereitungszeit: 50 Minuten, ohne Kühlzeit
Haltbarkeit: gekühlt etwa 2 Wochen
Pro Stück: E: 1 g, F: 5 g, Kh: 3 g, kJ: 288, kcal: 69, BE: 0,5

1. Beide Schokoladensorten in Stücke brechen und in einem Topf im Wasserbad bei schwacher Hitze unter Rühren schmelzen.

2. Sahne in einem Topf unter Rühren zum Kochen bringen. Den Topf von der Kochstelle nehmen. Die Schokolade gut unterrühren. Schokoladensahne abkühlen, aber nicht fest werden lassen.

3. Die Butter in einer Rührschüssel mit Handrührgerät mit Rührbesen weiß-schaumig schlagen. Die Schokoladenmasse und den Cognac gut untermischen. Die Masse zugedeckt 3–4 Stunden in den Kühlschrank stellen.

4. Aus der Trüffelmasse kleine Kugeln formen (1). Kakaopulver in eine Schüssel sieben. Je 2–3 Trüffelkugeln darin portionsweise unter Rütteln mit dem Kakao umhüllen (2).

5. Die Trüffel in gut schließenden Dosen zwischen Lagen von Backpapier gekühlt aufbewahren.

Tipp: Die Trüffel mit einem Gläschen Sherry oder einem Espresso genießen.

Für die Kokosmasse: 160 ml Kokosmilch (cremig) | 200 g weiße Schokolade | 150 g Kokosraspel | 3 EL Batida de Côco (Kokoslikör)

Für den Guss: 75 g Edelbitter-Schokolade (70 % Kakaoanteil) | ½–1 TL Sonnenblumenöl

Beliebt – mit Alkohol | etwa 60 Stück

Zubereitungszeit: 30 Minuten, ohne Kühlzeit
Haltbarkeit: kühl und trocken etwa 14 Tage
Pro Stück: E: 0 g, F: 4 g, Kh: 3 g, kJ: 195, kcal: 47, BE: 0,2

1. Kokosmilch in einen kleinen Topf geben, zum Kochen bringen und bei mittlerer Hitze etwa 5 Minuten auf die Hälfte einkochen lassen, dabei gelegentlich umrühren. Danach den Topf von der Kochstelle nehmen.

2. Weiße Schokolade in Stücke brechen, hinzufügen und unter Rühren darin auflösen. Kokosraspel und Kokoslikör unterrühren. Mit 2 Teelöffeln etwa 60 kleine Häufchen auf Backpapier setzen und etwa 2 Stunden in den Kühlschrank stellen.

3. Für den Guss Schokolade in Stücke brechen und mit dem Öl in einem kleinen Topf im Wasserbad bei schwacher Hitze unter Rühren schmelzen. Die Kokoshäufchen vom Backpapier ablösen, mit der Unterseite in Schokolade tauchen, etwas abstreifen und wieder auf Backpapier setzen. Die Kokos-Häufchen kühl stellen und die Schokolade fest werden lassen.

4. Die Pralinen kühl und trocken in einer gut schließenden Dose zwischen Lagen von Backpapier aufbewahren.

Batida-Kokos-Pralinen

Maraschino-Maronen-Stangen

250 g Vollmilch-Kuvertüre | 175 g Schlagsahne | 100 g Puderzucker |
350 g Maronenpüree (ungesüßt, aus der Dose) | 1 Prise Salz |
5 EL Maraschino (klarer Kirschlikör) | 100 g weiche Butter |
80 g Kakaopulver | 50 g Puderzucker

1 EL gemahlener Koriander

Fruchtige Sünde | etwa 100 Stück

Zubereitungszeit: 75 Minuten, ohne Kühlzeit
Haltbarkeit: gekühlt etwa 2 Wochen
Pro Stück: E: 0 g, F: 3 g, Kh: 5 g, kJ: 183, kcal: 44, BE: 0,5

1. Die Kuvertüre grob hacken. Sahne mit gehackter Kuvertüre und 100 g Puderzucker in einem Topf unter Rühren mit einem Schneebesen erhitzen. Maronenpüree und 1 Prise Salz unterrühren. Die Mischung 2 Minuten unter Rühren köcheln lassen. Dann die Maronen-Kuvertüre-Mischung in eine Rührschüssel geben und etwas abkühlen lassen.

2. Maraschino und Butter zur abgekühlten Maronen-Kuvertüre-Mischung geben und mit Handrührgerät mit Rührbesen zu einer glatten Masse verrühren.

3. Masse portionsweise in einen Spritzbeutel mit Lochtülle (Ø 12 mm) füllen. Nebeneinander 8 Stangen je etwa 40 cm lang auf ein Backblech (mit Backpapier belegt) spritzen, zugedeckt über Nacht in den Kühlschrank stellen.

4. Jede Stange in etwa 3 cm breite Stücke schneiden und leicht Zimmertemperatur annehmen lassen, damit der Kakao besser haftet.

5. Kakaopulver und Puderzucker sieben und mit dem Koriander in einer weiten, tiefen Schüssel mischen.

6. Die Stangen darin portionsweise (jeweils 4–5 Stangen) unter Rütteln mit dem Kakao umhüllen.

7. Die Stangen in gut schließenden Dosen zwischen Lagen von Backpapier gekühlt aufbewahren.

Tipp: Wenn Sie keine Lochtülle haben, dann können Sie auch von einem Einwegspritzbeutel eine 12 mm breite Spitze abschneiden und so die Masse aufspritzen.

Wissenswertes

Maraschino ist ein aromatischer, klarer Kirschlikör, der aus der Maraska-Kirsche hergestellt wird. Der Alkoholgehalt beträgt mindestens 24 Vol. -%.

Fruchtiger Genuss | etwa 72 Stück

Zubereitungszeit: 60 Minuten, ohne Kühlzeit
Haltbarkeit: gekühlt etwa 3 Wochen
Pro Stück: E: 1 g, F: 4 g, Kh: 8 g, kJ: 314, kcal: 75, BE: 0,5

1. Die Pflaumen in kleine Stücke schneiden und mit dem Brandy fein pürieren. Marzipan mit der Hand in kleine Stücke zupfen und mit dem Pflaumenpüree zu einer glatten Masse verkneten. Die Masse vierteln und jeweils zu einer Rolle formen. Die Rollen in Frischhaltefolie wickeln und etwa 1 Stunde in den Kühlschrank stellen.

2. Jede Rolle in 18 gleich große Scheiben schneiden. Die Scheiben pflaumenartig formen und mit einer Messerklinge eine pflaumenartige Kerbe eindrücken.

3. Die Schokolade in kleine Stücke brechen. Zwei Drittel der Schokolade in einem Topf im Wasserbad bei schwacher Hitze unter Rühren schmelzen. Den Topf aus dem Wasserbad nehmen und die restliche Schokolade darin unter Rühren schmelzen.

4. Die „Pflaumen" am besten mit einer Pralinengabel in die Schokolade tauchen und etwas abtropfen lassen. Die „Pflaumen" auf Backpapier setzen. Die Pistazienkerne längs halbieren und als Stiel in die Pflaumen drücken. Die Schokolade fest werden lassen.

5. Die Brandy-Pflaumen in gut schließenden Dosen auf Backpapier gelegt und gekühlt aufbewahren.

Tipp: Die Brandy-Marzipan-Pflaumen nach Belieben in Pralinenförmchen setzen.

Brandy-Marzipan-Pflaumen

300 g getrocknete Soft-Pflaumen | 7 EL Brandy | 400 g Marzipan-Rohmasse | 400 g Vollmilch-Schokolade | 2 EL Pistazienkerne

Amarettini-Pralinen

Für die Amarettini-Masse: 150 g Amarettini (ital. Mandelmakronen) | 75 ml Amaretto (Mandellikör) | 150 g Vollmilch-Schokolade

Zum Verzieren: 25 g Edelbitter-Schokolade (70 % Kakaoanteil) | 25 g weiße Schokolade

Raffiniert | etwa 40 Stück

Zubereitungszeit: 30 Minuten, ohne Kühlzeit
Haltbarkeit: kühl und trocken etwa 10 Tage
Pro Stück: E: 1 g, F: 2 g, Kh: 6 g, kJ: 200, kcal: 48, BE: 0,5

1. Amarettini in einen Gefrierbeutel geben. Den Gefrierbeutel verschließen und die Kekse mit der Teigrolle fein zerbröseln. Die Brösel in eine Schüssel geben und mit dem Mandellikör verrühren.

2. Schokolade in Stücke brechen und in einem kleinen Topf im Wasserbad bei schwacher Hitze unter Rühren schmelzen. Die Amarettini-Masse dazugeben und alles gut verrühren.

3. Die Masse auf ein Stück Backpapier geben, zu einem Rechteck (etwa 20 x 10 cm) ausstreichen und etwa 30 Minuten in den Kühlschrank stellen. Die fest gewordene Platte in Stücke (etwa 2 x 2 ½ cm) schneiden, sodass etwa 40 Pralinen entstehen.

4. Zum Verzieren beide Schokoladen getrennt in je einem kleinen Topf im Wasserbad bei schwacher Hitze unter Rühren schmelzen. Schokoladen getrennt in Papiertütchen oder kleine Gefrierbeutel füllen, eine kleine Ecke abschneiden und die Pralinenstücke damit verzieren (1). Die Schokolade fest werden lassen.

5. Die Pralinen kühl und trocken in einer gut schließenden Dose zwischen Lagen von Backpapier aufbewahren.

(1)

Walnuss-Aprikosen-Konfekt

125 g getrocknete Aprikosen | 3 EL Apricot Brandy | 200 g Marzipan-Rohmasse | 100 g gesiebter Puderzucker

Für Guss und Garnierung: 150 g Zartbitter-Kuvertüre | 1 EL Sonnenblumenöl | 100 g Walnusskernhälften

Zum Verschenken | etwa 30 Stück | Foto

Zubereitungszeit: 50 Minuten, ohne Durchziehzeit

Haltbarkeit: kühl und trocken etwa 2 Wochen

Pro Stück: E: 25 g, F: 6 g, Kh: 11 g, kJ: 475, kcal: 113, BE: 1,0

1. Aprikosen in sehr kleine Stücke schneiden, mit Apricot Brandy beträufeln und zugedeckt etwa 2 Stunden durchziehen lassen.

2. Marzipan mit Puderzucker verkneten, anschließend die getränkten Aprikosenstückchen unterkneten.

3. Die Aprikosen-Marzipan-Masse auf einer mit Puderzucker bestäubten Arbeitsfläche zu gut 2 cm dicken Rollen formen und diese in gut ½ cm dicke Scheiben schneiden.

4. Für den Guss Kuvertüre in Stücke hacken und mit Sonnenblumenöl in einem kleinen Topf im Wasserbad bei schwacher Hitze unter Rühren schmelzen. Jede Marzipanscheibe hineintauchen, die Unterseite am Rand abstreifen und auf Backpapier setzen, evtl. nochmals umsetzen, damit das Konfekt keine „Füßchen" bekommt.

5. Die Walnusskernhälften auf den noch feuchten Guss setzen. Den Guss fest werden lassen. Dann das Konfekt in gut schließenden Dosen zwischen Lagen von Backpapier kühl und trocken aufbewahren.

Mandelsplittertrüffel

Zum Vorbereiten: 75 g gestiftelte Mandeln

Für die Trüffelmasse: 250 g Zartbitter-Kuvertüre | 125 g Butter | 2 geh. EL gesiebter Puderzucker | 5 EL Mandellikör

Für den Guss: 150 g Vollmilch-Kuvertüre | 1 TL Sonnenblumenöl

Außerdem: etwa 30 Papier-Pralinen-Förmchen

Gut vorzubereiten | etwa 30 Stück

Zubereitungszeit: 60 Minuten, ohne Kühlzeit
Haltbarkeit: gekühlt etwa 2 Wochen
Pro Stück: E: 1 g, F: 10 g, Kh: 8 g, kJ: 535, kcal: 128, BE: 0,5

1. Zum Vorbereiten Mandeln in einer Pfanne ohne Fett unter Rühren goldbraun rösten und auf einen Teller geben.

2. Für die Trüffelmasse Kuvertüre in Stücke hacken, in einem kleinen Topf im Wasserbad bei schwacher Hitze unter Rühren schmelzen und etwas abkühlen lassen (die Kuvertüre sollte flüssig, jedoch nicht mehr zu warm sein).

3. Butter und Puderzucker in einer Rührschüssel mit Handrührgerät mit Rührbesen auf höchster Stufe geschmeidig rühren.

4. Den Mandellikör mit der Kuvertüre unter die Buttermasse rühren und in einen Spritzbeutel mit Lochtülle füllen. Die Masse in kleine Pralinenförmchen spritzen.

5. Auf jedes Häufchen einige Mandelsplitter drücken und die Trüffel im Kühlschrank fest werden lassen.

6. Für den Guss Vollmilch-Kuvertüre in Stücke hacken und mit dem Öl in einem kleinen Topf im Wasserbad bei schwacher Hitze unter Rühren schmelzen. Die Trüffel damit überziehen. Guss fest werden lassen.

Schokowürfel mit Rum-Rosinen

25 g gehackte Pistazienkerne | 100 g gehackte Mandeln oder Haselnusskerne | 1 Pck. Dr. Oetker Bourbon-Vanille-Zucker | 125 g Rum-Rosinen | 150 g Vollmilch-Schokolade | 50 g Zartbitter-Schokolade | 1 TL weiche Butter

Für Freunde | etwa 32 Stück

Zubereitungszeit: 20 Minuten, ohne Kühlzeit
Haltbarkeit: gekühlt etwa 10 Tage
Pro Stück: E: 1 g, F: 4 g, Kh: 6 g, kJ: 284, kcal: 68, BE: 0,5

1. Zum Vorbereiten eine Kastenform (25 x 11 cm) leicht fetten und mit Backpapier oder Frischhaltefolie auslegen. Die Hälfte der Pistazienkerne in die Form streuen.

2. Mandeln oder Haselnusskerne in einer Pfanne ohne Fett unter Rühren goldbraun rösten, noch warm mit Vanille-Zucker und Rum-Rosinen in einer Schüssel mischen, erkalten lassen.

3. Vollmilch- und Zartbitter-Schokolade in Stücke brechen und in einem kleinen Topf im Wasserbad bei schwacher Hitze unter Rühren schmelzen.

4. Butter und geschmolzene Schokolade zur Mandel-Rosinen-Mischung geben. Die Zutaten gut vermengen, in die vorbereitete Form füllen und gleichmäßig darin verteilen. Die Form mehrfach auf der Arbeitsfläche aufklopfen, damit kleine Luftblasen entweichen können.

5. Restliche Pistazienkerne auf die Schokolade streuen. Die Form zugedeckt mindestens 1 Stunde in den Kühlschrank stellen, bis die Schokolade fest ist.

6. Die feste Schokoladenplatte mit dem Backpapier oder der Frischhaltefolie aus der Form heben und senkrecht halbieren. Jede Schokoladenhälfte in 16 Quadrate schneiden.

7. Die Schokowürfel gekühlt in einer gut schließenden Dose zwischen Lagen von Backpapier aufbewahren.

Cassis-Pralinen

Für die Pralinenmasse: 50 g Vollmilch-Kuvertüre | 50 g Marzipan-Rohmasse | 2 EL Cassis-Likör (schwarzer Johannisbeerlikör)

40 g gekühltes Nuss-Nougat | etwas Puderzucker zum Ausrollen

Zum Bestreuen: etwas Puderzucker | **Außerdem:** 15 Papier-Pralinen-Förmchen

Klassiker | etwa 15 Stück | Foto

Zubereitungszeit: 35 Minuten

Haltbarkeit: gekühlt etwa 2 Wochen

Pro Stück: E: 1 g, F: 3 g, Kh: 6 g, kJ: 249, kcal: 60, BE: 0,5

1. Für die Pralinenmasse Kuvertüre hacken und in einem kleinen Topf im Wasserbad bei schwacher Hitze unter Rühren schmelzen, mit einem Teelöffel in den 15 Pralinenförmchen verteilen.

2. Marzipan in kleine Stücke zupfen und mit dem Likör in eine kleine Schüssel geben. Beides mit einer Gabel zu einer einheitlichen Masse verarbeiten. Die Masse mit einem Teelöffel auf der Kuvertüremasse in den Pralinenförmchen verteilen.

3. Gut gekühltes Nuss-Nougat auf einer mit Puderzucker bestäubten Arbeitsfläche etwa 3 mm dick ausrollen. Mit einer runden Ausstechform (Ø etwa 3 cm) 15 Kreise ausstechen. Die Nougatkreise auf die Marzipanmasse legen, etwas andrücken und mit etwas Puderzucker bestreuen.

4. Die Pralinen in einer gut schließenden Dose gekühlt aufbewahren.

Für die Masse: 75 g Schlagsahne | 125 g Zartbitter-Kuvertüre | 2 EL Rum | 2 EL gesiebter Puderzucker

Außerdem: 16 Papier-Pralinen-Förmchen | 16 eingelegte Kirschen (z. B. aus dem Rumtopf)

Rumkirschen im Schokobett

Beliebt | 16 Stück

Zubereitungszeit: 30 Minuten, ohne Kühlzeit
Haltbarkeit: gekühlt etwa 10 Tage
Pro Stück: E: 1 g, F: 4 g, Kh: 7 g, kJ: 298, kcal: 71, BE: 0,5

1. Für die Masse Sahne in einem kleinen Topf unter Rühren zum Kochen bringen und den Topf von der Kochstelle nehmen. Kuvertüre in kleine Stücke hacken und unter Rühren in der Sahne auflösen.

2. Rum und Puderzucker unterrühren, bis die Masse glatt und glänzend ist. Die Schoko-Rum-Masse etwa 10 Minuten in den Kühlschrank stellen (sie muss streich- und spritzfähig sein).

3. Die Schoko-Rum-Masse in einen Spritzbeutel mit kleiner Lochtülle füllen und in jedes Pralinenförmchen einen Boden und am Rand einen Ring spritzen. Je 1 Kirsche in den Ring setzen und leicht andrücken. Die Rumkirschen in einer gut schließenden Dose gekühlt aufbewahren.

Kirschwasser-Trüffel

Für die Trüffelmasse: 200 g Vollmilch-Schokolade | 50 g Crème double | 35 g feinkörniger Zucker | 3 EL Kirschwasser

Zum Wälzen: 50 g Kakaopulver | 25 g Puderzucker

Fein schmelzend | etwa 20 Stück

Zubereitungszeit: 45 Minuten, ohne Abkühl- und Kühlzeit
Haltbarkeit: gekühlt 5–6 Tage
Pro Stück: E: 1 g, F: 5 g, Kh: 9 g, kJ: 370, kcal: 88, BE: 0,5

1. Für die Trüffelmasse Schokolade in Stücke brechen und in einem kleinen Topf im Wasserbad bei schwacher Hitze unter Rühren schmelzen. Crème double und Zucker unter Rühren hinzufügen.

2. Die Masse in eine Rührschüssel geben. Kirschwasser hinzufügen und mit Handrührgerät mit Rührbesen unterrühren, etwas abkühlen lassen. Wenn die Masse beginnt fest zu werden, sie zu kleinen Kugeln formen und fest werden lassen (evtl. zugedeckt in den Kühlschrank stellen).

3. Zum Wälzen Kakaopulver und Puderzucker sieben und gut vermischen. Die vorbereiteten Trüffelkugeln darin wälzen. Die Trüffel gekühlt in einer gut schließenden Dose zwischen Lagen von Backpapier aufbewahren.

Tipps: Statt die Trüffel in der Kakao-Puderzucker-Mischung zu wälzen, können Sie diese auch mit einem Guss überziehen. Dazu 150 g Zartbitter-Kuvertüre hacken und mit einem Esslöffel Sonnenblumenöl in einem kleinen Topf im Wasserbad schmelzen lassen. Die Trüffelkugeln mithilfe von 2 Gabeln hineintauchen, auf einen Gitterrost setzen und die Kuvertüre fest werden lassen.
Nach Belieben die Trüffel in Pralinenförmchen setzen.
Crème double kann auch durch Schlagsahne ersetzt werden.

Rotwein-Pflaumen-Pralinen

Fruchtig | etwa 30 Stück

Zubereitungszeit: 40 Minuten, ohne Abkühl- und Durchziehzeit
Haltbarkeit: kühl etwa 5 Tage
Pro Stück: E: 1 g, F: 3 g, Kh: 7 g, kJ: 262, kcal: 63, BE: 0,5

1. Die Pflaumen längs halbieren. Rotwein in einem kleinen Topf zum Kochen bringen. Die Pflaumen hinzufügen und alles bei schwacher Hitze etwa 3 Minuten köcheln lassen. Die Pflaumen im Rotwein abkühlen lassen und etwa 1 Stunde zugedeckt durchziehen lassen.

2. Puderzucker sieben und mit dem Marzipan verkneten, auf der leicht mit Puderzucker bestäubten Arbeitsfläche zu einem Rechteck von etwa 30 x 30 cm ausrollen, in 30 Rechtecke von etwa 5 x 6 cm schneiden.

3. Jeweils 1 Pflaumenhälfte in die Mitte der Rechtecke legen, die Seiten einschlagen und die Pflaume in das Marzipan einrollen. Dann die Ränder vorsichtig andrücken.

4. Für den Guss Schokolade in Stücke brechen und mit Speiseöl in einem kleinen Topf im Wasserbad bei schwacher Hitze unter Rühren schmelzen lassen. Die Marzipanrollen auf eine Gabel geben, in die Schokolade tunken, etwas abstreifen und auf einem Kuchenrost abtropfen lassen (evtl. Schokolade zwischendurch nochmals erwärmen). Die Schokolade fest werden lassen.

5. Die Pralinen kühl in einer gut schließenden Dose zwischen Lagen von Backpapier aufbewahren.

Tipps: Besprenkeln Sie die überzogenen, fest gewordenen Pralinen mit der restlichen, nochmals erwärmten Schokolade.
Oder wälzen Sie die Pralinen nach dem Überziehen mit der Schokolade in gesiebtem Kakaopulver.

Für die Rotwein-Marzipan-Masse: 100 g getrocknete Soft-Pflaumen (etwa 15 Stück) | 75 ml Rotwein | 50 g Puderzucker | 150 g Marzipan-Rohmasse

Für den Guss: 100 g Edelbitter-Schokolade (70 % Kakaoanteil) | 1 TL Speiseöl, z. B. Sonnenblumenöl

Rosa Johannisbeer-Nocken

400 g weiße Kuvertüre | 125 g schwarze Johannisbeerkonfitüre | 50 g weiche Butter | 50 g Puderzucker | 200 g Zartbitter-Kuvertüre

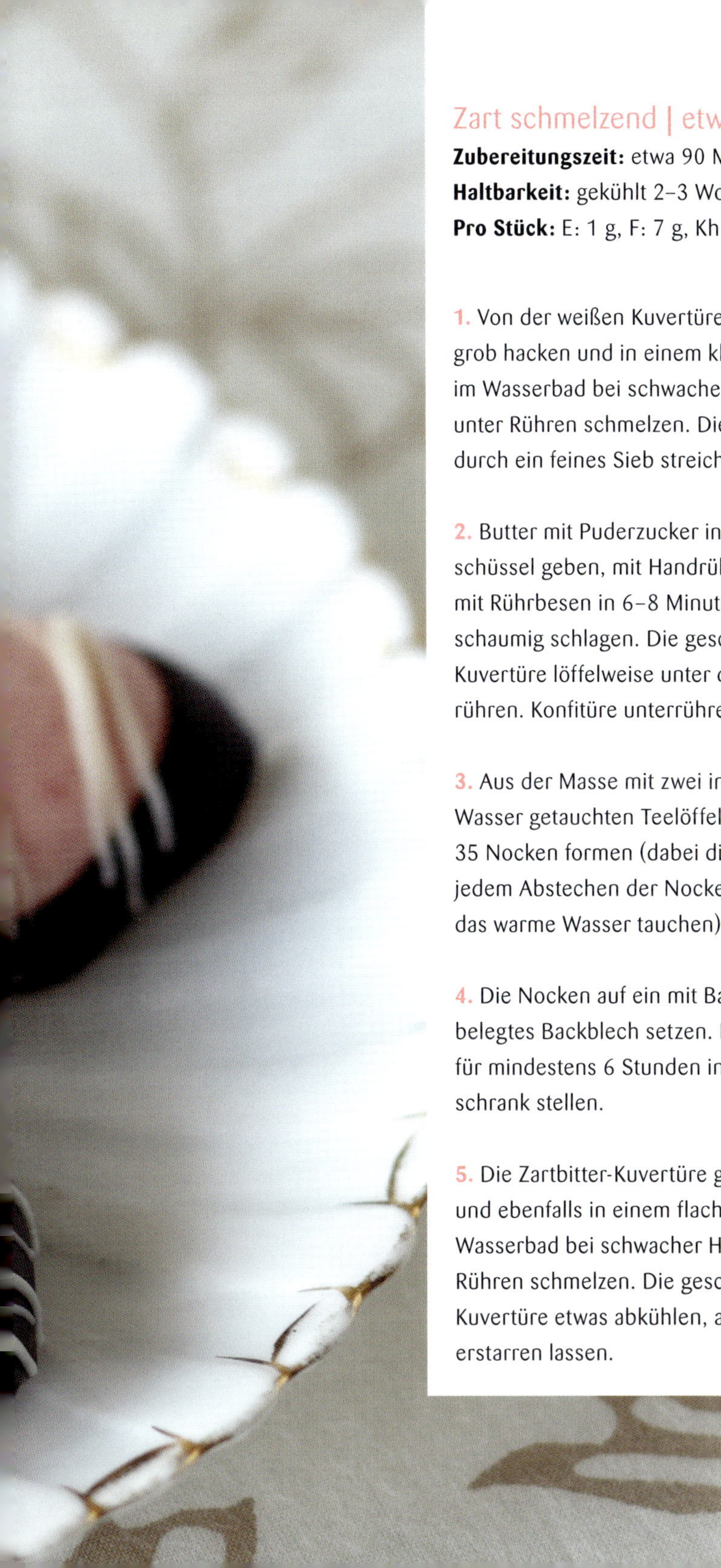

Zart schmelzend | etwa 35 Stück

Zubereitungszeit: etwa 90 Minuten, ohne Abkühlzeit
Haltbarkeit: gekühlt 2–3 Wochen
Pro Stück: E: 1 g, F: 7 g, Kh: 12 g, kJ: 505, kcal: 121, BE: 1,0

1. Von der weißen Kuvertüre 300 g grob hacken und in einem kleinen Topf im Wasserbad bei schwacher Hitze unter Rühren schmelzen. Die Konfitüre durch ein feines Sieb streichen.

2. Butter mit Puderzucker in eine Rührschüssel geben, mit Handrührgerät mit Rührbesen in 6–8 Minuten weißschaumig schlagen. Die geschmolzene Kuvertüre löffelweise unter die Butter rühren. Konfitüre unterrühren.

3. Aus der Masse mit zwei in warmes Wasser getauchten Teelöffeln etwa 35 Nocken formen (dabei die Löffel vor jedem Abstechen der Nocken wieder in das warme Wasser tauchen).

4. Die Nocken auf ein mit Backpapier belegtes Backblech setzen. Die Nocken für mindestens 6 Stunden in den Kühlschrank stellen.

5. Die Zartbitter-Kuvertüre grob hacken und ebenfalls in einem flachen Topf im Wasserbad bei schwacher Hitze unter Rühren schmelzen. Die geschmolzene Kuvertüre etwas abkühlen, aber nicht erstarren lassen.

6. Die Nocken jeweils einzeln auf eine Gabel setzen und nacheinander etwa ½ cm tief in die Kuvertüre tauchen. Die überschüssige Kuvertüre am Gefäßrand abstreifen. Dann die Nocken auf Backpapier setzen und die Kuvertüre fest werden lassen.

7. Die restliche weiße Kuvertüre grob hacken und ebenfalls in einem kleinen Topf im Wasserbad bei schwacher Hitze unter Rühren schmelzen und dann kurz abkühlen lassen. Die Kuvertüre in Papiertütchen oder einen kleinen Gefrierbeutel füllen. Eine kleine Ecke abschneiden und die Nocken mit der Kuvertüre verzieren. Kuvertüre fest werden lassen.

8. Die Nocken gekühlt in gut schließenden Dosen zwischen Lagen von Backpapier aufbewahren.

Tipp: Für ein intensiveres Geschmackserlebnis zusätzlich 2 Esslöffel Himbeergeist mit der Konfitüre in Punkt 2 unterrühren.

Zum Verschenken | etwa 38 Stück

Zubereitungszeit: 60 Minuten, ohne Kühlzeit
Haltbarkeit: kühl 2–3 Wochen
Pro Stück: E: 2 g, F: 9 g, Kh: 12 g, kJ: 601, kcal: 144, BE: 1,0

1. Die Schokolade in sehr kleine Stücke hacken. Marzipan mit den Fingern in kleine Stücke zupfen und mit der fein gehackten Schokolade zu einer glatten Masse verkneten. Dann die getrockneten Sauerkirschen unterkneten.

2. Etwas Puderzucker auf der Handfläche verteilen und aus der Masse etwa 38 glatte Igel-Halbkugeln formen. Jeweils etwa 7 Mandelsplitter auf der Oberseite der Igel-Halbkugeln einstecken (1). Die vorbereiteten Igelformen zugedeckt etwa 1 Stunde in den Kühlschrank stellen.

3. Die Kuvertüre in grob hacken und in einem kleinen Topf oder hitzebeständigen Schüssel im Wasserbad bei schwacher Hitze unter Rühren schmelzen lassen (dabei die Kuvertüre nicht heiß werden lassen). Den Topf aus dem Wasserbad nehmen und die Kuvertüre abkühlen (aber nicht erstarren) lassen.

4. Die vorbereiteten Igelchen mithilfe einer Gabel so in die Kuvertüre tauchen, dass sie ganz mit Kuvertüre umhüllt sind. Die überschüssige Kuvertüre am Gefäßrand abstreifen und die Igel auf Backpapier setzen (2). Die Kuvertüre fest werden lassen. Dann die Igelchen vorsichtig vom Backpapier lösen.

5. Die Igelchen in gut schließenden Dosen zwischen Lagen von Backpapier kühl aufbewahren.

Tipp: Aromatischer schmecken die Igelchen, wenn Sie das Marzipan zusätzlich mit 2 Esslöffel Orangenlikör verkneten.

(1)

(2)

Weiße Sauerkirsch-Marzipan-Igelchen

125 g Feinherbe Orangen-Mandel-Schokolade | 400 g Marzipan-Rohmasse | 50 g getrocknete Sauerkirschen

etwas Puderzucker zum Formen | 40 g gestiftelte Mandeln | 400 g weiße Kuvertüre

Möhrenhäufchen

20 g Butter | 125 g fein geriebene Möhren (vorbereitet gewogen) | 50 g Schlagsahne | 2 EL Aprikosenkonfitüre | 50 g weiße Schokolade | 50 g abgezogene, gemahlene Mandeln | 1 Msp. gemahlener Zimt

Für den Guss: 100 g Vollmilch-Schokolade | 50 g Zartbitter-Schokolade | 1 TL Speiseöl, z. B. Sonnenblumenöl

Zum Vorbereiten | etwa 40 Stück

Zubereitungszeit: 40 Minuten, ohne Kühlzeit
Haltbarkeit: gekühlt 4–5 Tage
Pro Stück: E: 1 g, F: 3 g, Kh: 4 g, kJ: 196, kcal: 47, BE: 0,5

1. Butter in einen Topf zerlassen, geriebene Möhren hinzugeben und etwa 2 Minuten dünsten lassen. Sahne und Konfitüre hinzugeben, verrühren und die Masse nochmals etwa 3 Minuten bei schwacher Hitze köcheln lassen. Topf von der Kochstelle nehmen und die grob gehackte Schokolade darin auflösen. Anschließend Mandeln und Zimt unterrühren.

2. Die Möhrenmasse mithilfe von 2 Teelöffeln in walnussgroßen Häufchen auf Backpapier setzen und etwa 1 Stunde in den Kühlschrank stellen.

3. Für den Guss Schokolade in Stücke brechen und mit dem Öl in einem kleinen Topf im Wasserbad bei schwacher Hitze unter Rühren schmelzen. Die Möhrenhäufchen mithilfe einer Gabel in die Schokolade tunken, auf einem Kuchenrost abtropfen und den Guss fest werden lassen (evtl. Schokolade zwischendurch nochmals erwärmen).

4. Die Möhrenhäufchen in gut schließenden Dosen zwischen Lagen von Backpapier gekühlt aufbewahren.

Tipp: Nach Belieben das Konfekt nach dem Überziehen mit gehackten Pistazien bestreuen.

Zitronenkugeln

Beliebt | etwa 40 Stück

Zubereitungszeit: 40 Minuten, ohne Kühlzeit
Haltbarkeit: gekühlt etwa 8 Tage
Pro Stück: E: 0 g, F: 2 g, Kh: 5 g, kJ: 175, kcal: 42, BE: 0,5

1. Von der Zitronengrasstange die äußeren harten Stängel entfernen. Den Rest in feine Streifen schneiden. Die Zitronenblätter halbieren.

2. Sahne in einem Topf mit Zitronengrasstreifen und -blättern zum Kochen bringen und bei mittlerer Hitze auf etwa 75 ml einkochen lassen. Die Flüssigkeit durch in Sieb geben und wieder zurück in den Topf geben.

3. Zwieback fein reiben oder in einem Gefrierbeutel mit einer Teigrolle fein zerbröseln. Schokolade in Stücke brechen und unter Rühren in der warmen Sahne auflösen. Abgeriebene Zitronenschale, Zitronensaft und Zwieback unterrühren.

4. Aus der Zitronen-Schokoladen-Masse etwa 2 cm große Kugeln formen. Die Kugeln in Zucker wälzen, nach Belieben in Pralinenförmchen setzen und in den Kühlschrank stellen.

5. Die durchgekühlten Zitronenkugeln in eine gut schließende Dose geben und gekühlt aufbewahren.

Tipp: Anstelle von Zitronengras und -blättern können Sie auch die Schale von einer Bio-Zitrone (unbehandelt, ungewachst) verwenden. Dazu die dünn abgeschälte Schale in kleine Stücke schneiden und statt Zitronengras und -blätter in der Sahne kochen.

1 Stange Zitronengras | 2 Zitronenblätter (Asia-Laden) | 100 g Schlagsahne | 40 g Zwieback | 200 g weiße Schokolade | abgeriebene Schale von ½ Bio-Zitrone (unbehandelt, ungewachst) | 1 EL Zitronensaft

Zum Wälzen: 30 g feiner Zucker

Nach Belieben: 40 Papier-Pralinen-Förmchen

Gewürz-Quitten-Brot im Kokosmantel

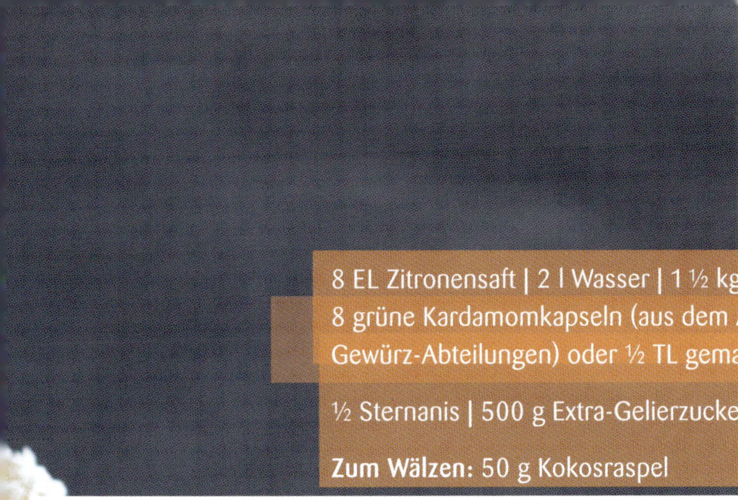

8 EL Zitronensaft | 2 l Wasser | 1 ½ kg Quitten | 1 Vanilleschote | 30 g Ingwer | 8 grüne Kardamomkapseln (aus dem Asia-Laden oder gut sortierten Spezialitäten-Gewürz-Abteilungen) oder ½ TL gemahlene Gewürznelken

½ Sternanis | 500 g Extra-Gelierzucker (2:1) | 100 g Zucker

Zum Wälzen: 50 g Kokosraspel

Dauert länger | etwa 75 Stück

Zubereitungszeit: 90 Minuten, ohne Abtropf- und Kühlzeit
Haltbarkeit: kühl und trocken 4–5 Wochen
Pro Stück: E: 0 g, F: 1 g, Kh: 9 g, kJ: 176, kcal: 42, BE: 1,0

1. Zitronensaft mit Wasser in einer großen Schüssel verrühren. Von den Quitten den Flaum mit einem trockenen Tuch abreiben. Quitten abspülen, abtrocknen, vierteln, Kerne und Blütenansatz herausschneiden. Die Quittenstücke sofort in das Zitronenwasser legen.

2. Die Vanilleschote längs aufschneiden. Das Mark herausschaben. Ingwer schälen, abspülen, abtropfen lassen und in dünne Scheiben schneiden. Kardamomsamen aus den Kapseln lösen und im Mörser fein zerstoßen.

3. Die Quittenstücke mit einem Schaumlöffel aus dem Zitronenwasser nehmen und in einen Topf geben. Von dem Zitronenwasser 500 ml (½ l) abmessen und mit in den Topf geben.

4. Vanillemark, -stange, Ingwerscheiben, Kardamom oder Nelken und Sternanis dazugeben. Das Ganze zum Kochen bringen und zugedeckt 30–40 Minuten bei schwacher Hitze köcheln lassen, bis die Quitten weich sind, dabei gelegentlich umrühren.

5. Ein großes Sieb mit einem Küchentuch auslegen und in eine Schüssel hängen. Quittenkompott hineingeben. Den Saft (am besten über Nacht) kalt gestellt langsam ablaufen lassen.

6. Die Vanilleschote, die Ingwerscheiben und den Sternanis aus dem Kompott entfernen. Das Quittenkompott fein pürieren und etwa 900 g abwiegen. Das Püree in einem großen Topf mit Gelierzucker und Zucker mischen, unter Rühren aufkochen lassen. Das Quittenpüree unter Rühren bei mittlerer Hitze im offenem Topf etwa 20 Minuten einkochen lassen, bis eine zähe, dickflüssige Masse entstanden ist.

7. Die Masse in eine Auflaufform (etwa 30 x 20 cm, gefettet) geben und glatt streichen. Die Masse bei Zimmertemperatur (etwa 18 °C) 4–5 Stunden erkalten lassen.

8. Dann aus der fest gewordenen Masse etwa 4 x 2 cm große Stücke schneiden. Die Quittenbrotstücke in Kokosraspeln wälzen und in gut schließenden Dosen zwischen Lagen von Backpapier kühl und trocken aufbewahren.

Tipp: Den abgetropften Saft z. B. für ein Quittengelee verwenden.

Zum Verschenken | 15–20 Stück

Zubereitungszeit: 20 Minuten, ohne Durchzieh- und Kühlzeit
Haltbarkeit: kühl und trocken etwa 14 Tage
Pro Stück: E: 1 g, F: 5 g, Kh: 11 g, kJ: 372, kcal: 89, BE: 1,0

1. Cranberries in kleine Stücke schneiden, mit Apfelsaft verrühren und etwa 30 Minuten durchziehen lassen.

2. In der Zwischenzeit Schokolade in Stücke brechen und mit Kokosfett in einem kleinen Topf im Wasserbad bei schwacher Hitze unter Rühren schmelzen und abkühlen lassen.

3. In flexible herzförmige Eiswürfelförmchen jeweils etwa ½ Teelöffel Schokolade geben, jeweils etwa ½ Teelöffel Cranberry-Stücke darauf verteilen und jeweils mit etwa ½ Teelöffel Schokolade bedecken. So weiter verfahren, bis Schokolade und Cranberry-Stücke aufgebraucht sind.

4. Die Herzen für etwa 20 Minuten ins Gefrierfach stellen und fest werden lassen. Anschließend die Herzen aus den Förmchen drücken.

5. Die Herzen kühl und trocken in einer gut schließenden Dose zwischen Lagen von Backpapier aufbewahren.

Tipps: Geben Sie auf jedes Herz einen Tupfen flüssige weiße Schokolade und garnieren Sie es mit einer getrockneten Cranberry.
Wenn Sie möchten, dann können Sie den Herzen auch einen kleinen Schwips geben. Lassen Sie dann die Cranberries statt in Apfelsaft in 2 Esslöffeln Kirschwasser durchziehen.

Flammende Herzen

Für die Herzen: 60 g getrocknete Cranberries | 2 EL Apfelsaft | 225 g weiße Schokolade | 15 g Kokosfett

Schoko-Mango-Stäbchen

2 reife Mangos (etwa 850 g) | 1 kg Äpfel (z. B. Boskop) | 75 ml Zitronensaft | 275 g Zucker

1 EL Sonnenblumenöl

Für den Guss: 200 g Edelbitter-Schokolade (70 % Kakaoanteil) | 30 g Schlagsahne

4 EL brauner Zucker

Dauert länger | etwa 80 Stück

Zubereitungszeit: 90 Minuten, ohne Gar- und Kühlzeit
Haltbarkeit: gekühlt etwa 2 Wochen
Pro Stück: E: 0 g, F: 1 g, Kh: 7 g, kJ: 174, kcal: 42, BE: 0,5

1. Die Mangos halbieren und das Fruchtfleisch vom Stein schneiden. Mangos schälen. Das Fruchtfleisch in grobe Würfel schneiden.

2. Die Äpfel schälen, vierteln, entkernen und grob würfeln. Mango- und Apfelwürfel mit dem Zitronensaft in einen Topf geben und zugedeckt bei mittlerer Hitze etwa 1 Stunde weich kochen. Dabei ab und zu umrühren.

3. Die gekochten Früchte durch ein grobes Sieb oder eine flotte Lotte passieren. Das Fruchtpüree mit dem Zucker verrühren. Dann das Püree bei schwacher Hitze im offenen Topf etwa 2 ½ Stunden sehr dick einkochen lassen. Dabei gelegentlich, zum Schluss häufiger umrühren. Den Topf von der Kochstelle nehmen und das Püree etwas abkühlen lassen.

4. Ein Backblech mit Sonnenblumenöl bestreichen und möglichst glatt mit Frischhaltefolie auslegen. Das lauwarme Püree auf dem Blech verteilen und mit einer Palette oder einem Tortenheber glatt streichen. Das Püree vollständig erkalten lassen. Dann das Püree mit Frischhaltefolie zudecken und am besten über Nacht in den Kühlschrank stellen.

5. Das fest gewordene Püree am nächsten Tag mit einem scharfen Messer in etwa 4 cm lange und 1 cm breite Stäbchen schneiden. Die Mangostäbchen zugedeckt wieder in den Kühlschrank stellen.

6. Für den Guss die Schokolade in Stücke brechen und mit der Sahne in einem kleinen Topf im Wasserbad bei schwacher Hitze geschmeidig rühren. Dann die Schokolade lauwarm abkühlen lassen.

7. Die Mangostäbchen aus dem Kühlschrank nehmen und etwa 3 Minuten bei Zimmertemperatur stehen lassen. Dann die Mangostäbchen am besten mit einer Pinzette oder einer Gabel in die Schokolade tauchen. Die überschüssige Schokolade durch vorsichtiges Schütteln abtropfen lassen. Die Stäbchen auf Backpapier legen.

8. Die Stäbchen mit dem Zucker bestreuen, so lange der Schokoladenguss noch etwas feucht ist. Die Schokolade fest werden lassen.

9. Die Stäbchen in gut schließenden Dosen zwischen Lagen von Backpapier gekühlt aufbewahren.

Erdbeerpralinen

Für die Marzipanrollen: 200 g Marzipan-Rohmasse | 75 g Getränkepulver Erdbeer-Geschmack (für Milch-Mix-Getränke) | etwa 2 EL Erdbeerkonfitüre | 50 g gehackte Mandeln | 100 g weiße Schokolade | 5 g Kokosfett

Zum Verschenken | etwa 60 Stück

Zubereitungszeit: 40 Minuten, ohne Abkühl- und Kühlzeit
Haltbarkeit: kühl und trocken etwa 14 Tage
Pro Stück: E: 1 g, F: 2 g, Kh: 4 g, kJ: 163, kcal: 39, BE: 0,5

1. Marzipan mit dem Getränkepulver verkneten. Die Masse halbieren und daraus 2 Rollen von je etwa 30 cm Länge formen. Konfitüre durch ein Sieb streichen. Die Rollen damit bestreichen.

2. Mandeln auf Backpapier verteilen, die Marzipanrollen daraufgeben und die Mandeln fest einrollen.

3. Schokolade in Stücke brechen, mit Kokosfett in einem kleinen Topf im Wasserbad bei schwacher Hitze unter Rühren schmelzen und etwas abkühlen lassen.

4. Die obere Seite der Marzipanrollen mit der Hälfte der Schokolade bestreichen, kalt stellen und fest werden lassen. Dann die Marzipanrollen wenden und die Unterseite mit der restlichen Schokolade bestreichen. Schokolade fest werden lassen.

5. Die Rollen in etwa 1 cm dicke Scheiben schneiden, sodass etwa 60 Pralinen entstehen. Die Pralinen kühl und trocken in einer gut schließenden Dose zwischen Lagen von Backpapier aufbewahren.

Tipps: Zum Verschenken die Erdbeerpralinen in kleine Tüten packen (1). Nach Belieben die Erdbeer-Marzipan-Masse mit etwas roter Speisefarbe einfärben.

(1)

Goldige Schokotaler

350 g Edelbitter-Schokolade (70 % Kakaoanteil) |
2–3 Blätter essbares Blattgold (etwa 0,01 g oder essbares Streugold)

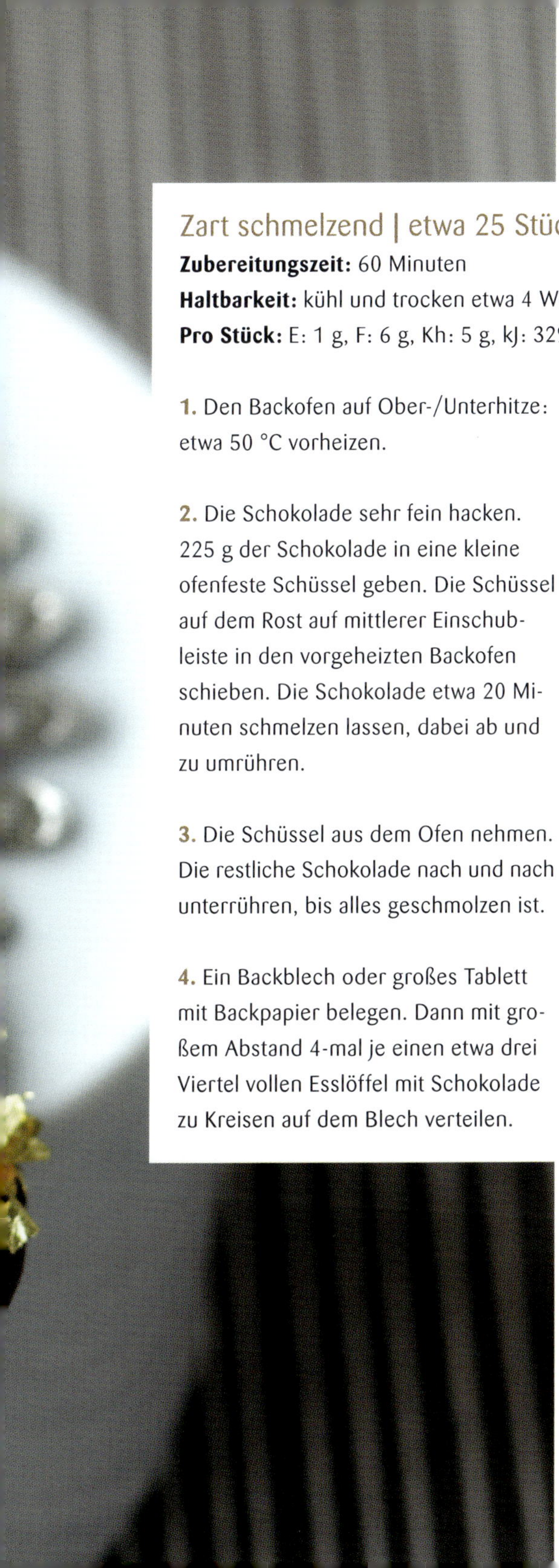

Zart schmelzend | etwa 25 Stück

Zubereitungszeit: 60 Minuten

Haltbarkeit: kühl und trocken etwa 4 Wochen

Pro Stück: E: 1 g, F: 6 g, Kh: 5 g, kJ: 329, kcal: 79, BE: 0,5

1. Den Backofen auf Ober-/Unterhitze: etwa 50 °C vorheizen.

2. Die Schokolade sehr fein hacken. 225 g der Schokolade in eine kleine ofenfeste Schüssel geben. Die Schüssel auf dem Rost auf mittlerer Einschubleiste in den vorgeheizten Backofen schieben. Die Schokolade etwa 20 Minuten schmelzen lassen, dabei ab und zu umrühren.

3. Die Schüssel aus dem Ofen nehmen. Die restliche Schokolade nach und nach unterrühren, bis alles geschmolzen ist.

4. Ein Backblech oder großes Tablett mit Backpapier belegen. Dann mit großem Abstand 4-mal je einen etwa drei Viertel vollen Esslöffel mit Schokolade zu Kreisen auf dem Blech verteilen.

5. Das Blech oder Tablett mehrmals leicht auf eine mit einem Handtuch ausgelegte Arbeitsfläche klopfen, damit die Schokolade zu flachen Scheiben verlaufen kann.

6. Kurz bevor die Schokolade fest wird, etwas Blattgold mit einer Pinzette oder einem kleinen Pinsel oder Streugold auf den Schokotalern verteilen.

7. Die restliche Schokolade auf die gleiche Art und Weise verarbeiten. Sollte die Schokolade dabei wieder fest werden, dann kann sie wieder im Backofen bei der oben angegebenen Backofeneinstellung geschmolzen werden.

8. Die goldigen Schokotaler in gut schließenden Dosen auf Backpapier gelegt, kühl und trocken aufbewahren.

Dauert länger | etwa 95 Stück

Zubereitungszeit: 105 Minuten, ohne Kühlzeit
Haltbarkeit: kühl und trocken etwa 2 Wochen
Pro Stück: E: 1 g, F: 5 g, Kh: 7 g, kJ: 307, kcal: 73, BE: 0,5

1. Puderzucker sieben. 200 g Marzipan mit 50 g von dem Puderzucker verkneten und mit etwas Puderzucker bestäubt zu einem Rechteck von etwa 25 x 20 cm ausrollen. Eine passende Auflaufform (Dose oder verstellbaren Backrahmen auf einem Backblech) mit Frischhaltefolie auslegen. Den ausgerollten Marzipanboden hineinlegen.

2. Beide Schokoladensorten grob hacken und in einem kleinen Topf im Wasserbad bei schwacher Hitze unter Rühren schmelzen. Die Schokolade lauwarm abkühlen lassen.

3. Torrone fein hacken (1). Die halbe Vanilleschote längs aufschneiden und das Mark herauskratzen.

4. Die Butter mit 125 g vom Puderzucker mit Handrührgerät mit Rührbesen 6–8 Minuten weiß-schaumig aufschlagen. Vanillemark und Zitronenschale kurz unterrühren. Dann zuerst die lauwarme Schokolade und dann Torrone unterrühren.

5. Die Torrone-Schokoladen-Füllung auf den Marzipanboden geben (evtl. durch leichtes Aufschlagen der Form auf der Arbeitsfläche die Masse glatt verlaufen lassen).

6. Die Pistazien im Blitzhacker kurz, aber fein mahlen (nicht zu lange, sonst werden sie zu ölig). Dann die gemahlenen Pistazien mit dem restlichen Puderzucker und dem restlichen Marzipan verkneten.

7. Die Pistazien-Marzipan-Masse auf der mit Puderzucker bestäubten Arbeitsfläche in der gleichen Größe wie den Marzipanboden ausrollen. Die Pistazien-Marzipan-Decke vorsichtig auf die Füllung legen (evtl. gerissene Stellen mit den Fingern wieder zusammendrücken) und die Decke ganz leicht andrücken.

8. Die Form zugedeckt etwa 4 Stunden in den Kühlschrank stellen.

9. Die fest gewordenen Konfektplatte vorsichtig aus der Form lösen und die Frischhaltefolie entfernen. Die Konfektplatte mit einem Messer in etwa 2 cm große Würfel schneiden, dabei das Messer immer wieder in kaltes Wasser tauchen.

10. Die Würfel in gut schließenden Dosen zwischen Lagen von Backpapier kühl und trocken aufbewahren.

(1)

Torrone-Würfel

225 g Puderzucker | 375 g Marzipan-Rohmasse | 140 g Vollmilch-Schokolade | 140 g Zartbitter-Schokolade (50 % Kakaoanteil) | 175 g Mandel-Torrone (weißer Nougat mit Mandeln, in Süßwaren- oder Feinkostläden bzw. Spezialitätenabteilungen) | ½ Vanilleschote | 180 g weiche Butter | 1 TL Dr. Oetker Finesse Geriebene Zitronenschale | 75 g Pistazienkerne

Außerdem: etwas Puderzucker zum Ausrollen

Sahne-Vanille-Konfekt

Für die Schokoladenmasse: 300 g Vollmilch-Kuvertüre | 125 g Schlagsahne | 1 Pck. Dr. Oetker Bourbon-Vanille-Zucker | 30 g weiche Butter

Zum Wälzen und Bestäuben: 50 g Puderzucker | 20 g Kakaopulver

Klassischer Genuss | etwa 30 Stück

Zubereitungszeit: 30 Minuten, ohne Kühlzeit
Haltbarkeit: gekühlt 6–8 Tage
Pro Stück: E: 1 g, F: 6 g, Kh: 8 g, kJ: 359, kcal: 86, BE: 0,5

1. Für die Masse Kuvertüre grob hacken. Sahne mit Vanille-Zucker in einem kleinen Topf unter Rühren zum Kochen bringen und kurz aufkochen lassen. Danach den Topf von der Kochstelle nehmen.

2. Kuvertüre hinzufügen und unter Rühren darin auflösen. So lange rühren, bis eine glatte Masse entstanden ist. Die Kuvertüren-Sahne-Masse in eine Rührschüssel geben und zugedeckt über Nacht in den Kühlschrank stellen.

3. Schokoladenmasse mit der Butter cremig aufschlagen und nochmals so lange in den Kühlschrank stellen, bis sie wieder fest geworden ist.

4. Aus der Konfektmasse etwa 30 knapp walnussgroße Kugeln formen. Puderzucker sieben. Die Konfektkugeln in Puderzucker wälzen und zum Schluss noch mit Kakao bestäuben.

5. Die Konfektkugeln gekühlt in einer gut schließenden Dose zwischen Lagen von Backpapier aufbewahren.

Tipp: Wälzen Sie die Konfektkugeln mit einer Mischung aus Puderzucker und gemahlenen Pistazienkernen **(Titelfoto)**, dann die Kugeln nicht mehr mit Kakaopulver bestäuben.

Rezeptvariante: Für **Konfektstangen** **(Titelfoto)** die gekühlte Konfektmasse auf einem mit Backpapier belegten Backblech knapp 1 cm dick zu einem Rechteck aufstreichen. Das Ganze zugedeckt im Kühlschrank über Nacht fest werden lassen. Dann das Konfektrechteck in Stangen schneiden. Die Stangen ebenfalls in einer Mischung aus Puderzucker und gemahlenen Pistazienkernen wälzen. Die Stangen nach Belieben zusätzlich mit geschmolzener Schokolade besprenkeln.

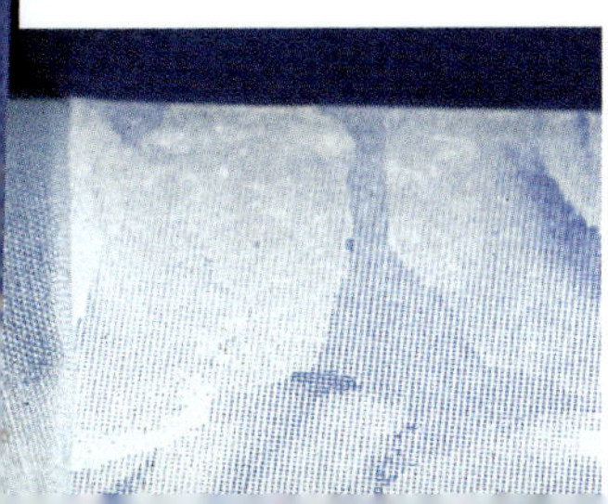

100 g abgezogene, gemahlene Mandeln | 75 g Pistazienkerne | 4 grüne Kardamomkapseln (aus dem Asia-Laden oder gut sortierten Spezialitäten-Gewürz-Abteilungen) oder ½ TL gemahlener Piment | 40 g getrocknete Datteln ohne Stein | 40 g getrocknete Soft-Feigen | 40 g getrocknete Soft-Aprikosen | 150 g Löffelbiskuits | 1 Pck. Dr. Oetker Finesse Orangenschalen-Aroma | 75 g heller Honig | ¼ TL gemahlener Zimt | ¼ TL gemahlene Gewürznelken | 3 EL natives Walnussöl

Zum Wälzen: 100 g Puderzucker

Exotisch-süßer Genuss | etwa 35 Stück

Zubereitungszeit: 25 Minuten
Haltbarkeit: kühl und trocken 2–3 Wochen
Pro Stück: E: 2 g, F: 4 g, Kh: 10 g, kJ: 347, kcal: 83, BE: 1,0

(1)

1. Mandeln und Pistazienkerne in einer Pfanne ohne Fett unter Rühren rösten, dann auf einen Teller geben.

2. Kardamomsamen aus den Kapseln lösen und im Mörser fein zerstoßen **(1)**. Datteln, Feigen und Aprikosen in kleine Stücke schneiden.

3. Löffelbiskuits in Stücke brechen und in der Küchenmaschine (mit einem Schlagmesser) fein hacken. Dattel-, Feigen-, Aprikosenstücke, Mandeln und Pistazienkerne nacheinander hinzugeben und ganz fein hacken.

4. Vom Orangenschalen-Aroma 1 gestrichenen Teelöffel zum Wälzen beiseitestellen. Restliches Orangenschalen-Aroma, Honig, Kardamom oder Piment, Zimt, Nelken und Walnussöl hinzugeben. Das Ganze kurz durchmixen, sodass eine glatte Masse entsteht.

5. Die Konfektmasse zu etwa 35 walnussgroßen Kugeln formen. Die Kugeln anschließend zu flachen Talern drücken. Puderzucker mit dem beiseitegestellten Orangenschalen-Aroma in einer Schale mischen. Die Konfekttaler darin wälzen.

6. Die Taler in gut schließenden Dosen zwischen Lagen von Backpapier kühl und trocken aufbewahren.

Tipp: Statt Orangenschalen-Aroma können Sie auch geriebene Orangenschale von einer Bio-Orange (unbehandelt, ungewachst) verwenden.

Orientalisches Konfekt

Gestrudelte
Schoko-Erdnuss-Pralinen

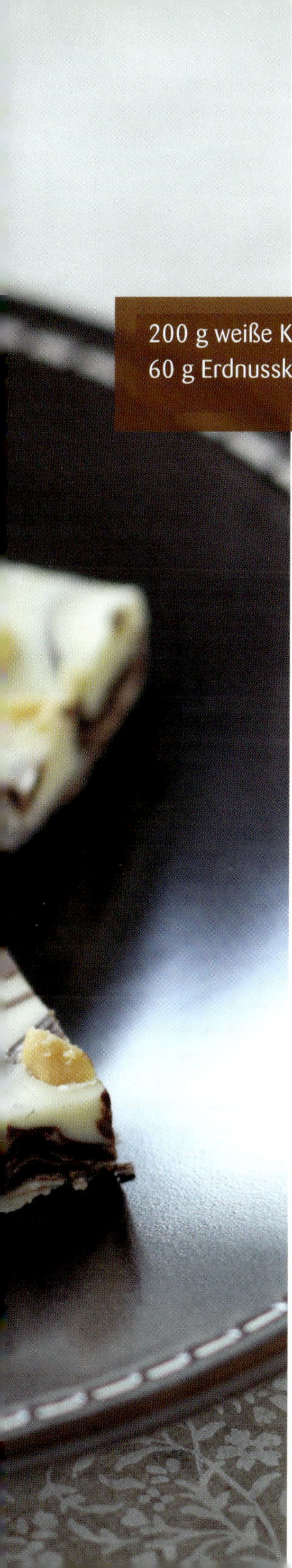

200 g weiße Kuvertüre | 200 g Zartbitter-Kuvertüre | 60 g Erdnusskerne (geröstet und gesalzen) | 100 g weiche Butter

Einfach zuzubereiten | etwa 30 Stück

Zubereitungszeit: 45 Minuten, ohne Kühlzeit
Haltbarkeit: gekühlt etwa 5 Wochen
Pro Stück: E: 1 g, F: 8 g, Kh: 7 g, kJ: 456, kcal: 109, BE: 0,5

1. Die Kuvertüren getrennt voneinander in Stücke hacken und auch getrennt in einem kleinen Topf im Wasserbad bei schwacher Hitze unter Rühren schmelzen.

2. Die Erdnüsse fein hacken. Die Butter mit Handrührgerät mit Rührbesen 6–8 Minuten weiß-schaumig aufschlagen. Unter die weiße Kuvertüre 40 g der Butter und die restliche Butter unter die Zartbitter-Kuvertüre rühren.

3. Eine Auflaufform (etwa 30 x 30 cm, Boden gefettet, mit Backpapier ausgelegt) oder einen Backrahmen (etwa 30 x 30 cm) auf ein gefettetes, mit Backpapier belegtes Backblech stellen.

4. Sobald die Kuvertüren abgekühlt und zähflüssig sind, zuerst die weiße Kuvertüre in die Form oder den Backrahmen gießen. Dann die Zartbitter-Kuvertüre daraufgießen. Einen Löffelstiel strudelartig durch die beiden Kuvertüreschichten ziehen, sodass eine Marmorierung entsteht. Die gehackten Erdnüsse daraufstreuen.

5. Die Form oder das Blech zugedeckt mindestens 2 Stunden in den Kühlschrank stellen, bis die Pralinenplatte fest geworden ist.

6. Aus der Pralinenplatte etwa 3 x 3 cm große Stücke schneiden. Die Schoko-Erdnuss-Pralinen in gut schließenden Dosen zwischen Lagen von Backpapier gekühlt aufbewahren.

Mandel-Ingwer-Krokant

250 g Zucker | 200 g flüssiger Honig | 100 g weiche Butter | 250 g gehobelte Mandeln | 75–100 g fein gewürfelter, kandierter Ingwer

etwas Sonnenblumenöl zum Einstreichen

Für den Guss: 100 g Zartbitter-Kuvertüre | 2 TL Sonnenblumenöl

Knusperspaß | etwa 40 Stück | Foto

Zubereitungszeit: 45 Minuten, ohne Abkühlzeit

Haltbarkeit: kühl und trocken etwa 1 Woche

Pro Stück: E: 1 g, F: 7 g, Kh: 13 g, kJ: 493, kcal: 118, BE: 1,0

1. Für die Krokantmasse Zucker in einem Topf unter Rühren schmelzen lassen. Honig und Butter unter Rühren hinzufügen und so lange rühren, bis eine einheitliche Masse entstanden ist.

2. Mandeln und Ingwer unterrühren. Die Masse unter Rühren zum Kochen bringen und unter ständigem Rühren einige Minuten kochen lassen.

3. Die Masse etwa 1 ½ cm dick auf ein Backblech (30 x 40 cm, gut mit Sonnenblumenöl bestrichen) streichen und etwas abkühlen lassen. Anschließend in kleine Rauten, Dreiecke oder Rechtecke schneiden und erkalten lassen.

4. Für den Guss Kuvertüre hacken, mit Speiseöl in einem kleinen Topf im Wasserbad bei schwacher Hitze geschmeidig rühren. Die Mandel-Ingwer-Krokant-Stücke jeweils mit einer Ecke oder Seite hineintauchen, die Unterseite abstreifen und auf Backpapier setzen. Kuvertüre fest werden lassen.

5. Mandel-Ingwer-Krokant in gut schließenden Dosen zwischen Lagen von Backpapier kühl und trocken aufbewahren.

Krokantbissen

Für die Krokantmasse: 20 g Butter | 60 g Zucker | 125 g gehackte Mandeln | 100 g Zartbitter-Schokolade | 5 EL Schlagsahne

Einfach und schnell gemacht | etwa 35 Stück

Zubereitungszeit: 20 Minuten, ohne Kühlzeit
Haltbarkeit: kühl und trocken etwa 10 Tage
Pro Stück: E: 1 g, F: 4 g, Kh: 3 g, kJ: 219, kcal: 52, BE: 0,5

1. Für die Krokantmasse Butter und Zucker in einer Pfanne so lange erhitzen, bis die Masse leicht gebräunt und der Zucker gelöst ist. Mandeln hinzufügen und unter Rühren erhitzen, bis der Krokant ausreichend gebräunt ist.

2. Die heiße Masse auf ein gefettetes Backblech streichen und kalt stellen.

3. Die kalte Krokantmasse in kleine Stücke zerstoßen. Schokolade in kleine Stücke brechen, mit Sahne in einem kleinen Topf im Wasserbad unter Rühren schmelzen, etwas abkühlen lassen und den Krokant unterrühren.

4. Von der Masse mit einem Teelöffel Häufchen abstechen, auf ein mit Backpapier belegtes Tablett setzen und zugedeckt im Kühlschrank fest werden lassen. Das Konfekt in gut schließenden Dosen zwischen Lagen von Backpapier kühl und trocken aufbewahren.

Einfach zu machen | etwa 42 Stück | Titelfoto

Zubereitungszeit: 40 Minuten, ohne Kühlzeit

Haltbarkeit: kühl und trocken etwa 8 Tage

Pro Stück: E: 1 g, F: 4 g, Kh: 5 g, kJ: 247, kcal: 59, BE: 0,5

1. Wasser in einem Topf zum Kochen bringen und Kaffeepulver einrühren. Butter dazugeben und auflösen. Die Schokolade in Stücke brechen, hinzufügen, bei schwacher Hitze schmelzen und etwas abkühlen lassen.

2. Pinienkerne in einer Pfanne ohne Fett unter Rühren leicht bräunen, dann auf einen Teller geben (1). Walnusskerne grob hacken.

3. Butterkekse in einen Gefrierbeutel geben. Den Beutel verschließen und die Kekse mit einer Teigrolle grob zerkleinern. Pinienkerne, Walnusskernstücke und Keksstücke zur Schokoladenmasse geben und gut verrühren.

4. Die Masse auf eine Tortenplatte (mit Backpapier belegt, das evtl. mit einigen Tupfen Schokoladenmasse festgeklebt ist) geben und mit einem großen glatten Messer zu einem Rechteck (etwa 15 x 17,5 cm) verstreichen. Die Schokoladenmasse zugedeckt 2–3 Stunden in den Kühlschrank stellen und fest werden lassen.

5. Die Schokomasse in etwa 2 ½ cm große Würfel schneiden, sodass 42 Würfel entstehen. Die Würfel mit Kakao und Puderzucker bestäuben.

6. Die Würfel kühl und trocken in einer gut schließenden Dose zwischen Lagen von Backpapier aufbewahren.

(1)

Mokkawürfel

Für die Schokomasse: 75 ml Wasser | 2 TL lösliches Kaffeepulver | 50 g Butter | 200 g Kaffee-Sahne- oder Cappuccino-Sahne-Schokolade | 50 g Pinienkerne | 25 g Walnusskerne | 100 g Butterkekse

Zum Bestäuben: Kakaopulver | Puderzucker

Weihnachtliche Mandelsplitter

Für die Schoko-Mandel-Masse: 100 g gestiftelte Mandeln | 25 g Orangeat | 150 g Zartbitter-Schokolade | ½ Pck. Dr. Oetker Finesse Orangenschalen-Aroma | 1–2 Msp. Lebkuchengewürz

Nach Belieben: etwa 25 Pralinenförmchen

(1)

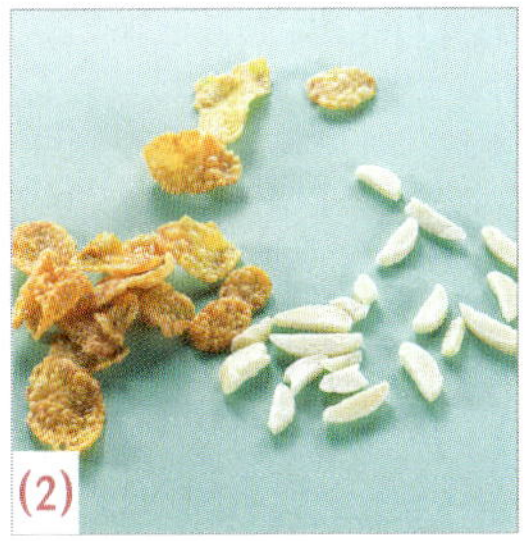

(2)

Klassisch | etwa 25 Stück

Zubereitungszeit: 30 Minuten, ohne Kühlzeit
Haltbarkeit: gekühlt 10–14 Tage
Pro Stück: E: 1 g, F: 4 g, Kh: 4 g, kJ: 235, kcal: 56, BE: 0,5

1. Mandelstifte in einer Pfanne ohne Fett unter Rühren goldbraun rösten und auf einen Teller geben. Orangeat fein hacken.

2. Schokolade in Stücke brechen und in einem Topf im Wasserbad bei schwacher Hitze unter Rühren schmelzen lassen. Aroma und Lebkuchengewürz unterrühren. Mandeln und Orangeat unterheben.

3. Die Schokoladen-Mandel-Masse mit 2 Teelöffeln in etwa 25 kleinen Häufchen auf ein Backblech (mit Backpapier belegt) setzen.

4. Die Mandelsplitter auf dem Backblech kalt stellen, bis die Schokolade fest geworden ist.

5. Die Mandelsplitter nach Belieben in Pralinenkapseln setzen (1) und gekühlt in einer gut schließenden Dose aufbewahren.

Rezeptvariante: Für **weiße Mandelsplitter mit Cranberries** (Titelfoto) das Orangeat durch getrocknete, fein gehackte Cranberries und die Zartbitter-Schokolade durch weiße Schokolade ersetzen. Das Lebkuchengewürz einfach weglassen.

Tipps: Nach Belieben fein gehacktes Orangeat auf die noch nicht fest gewordenen Mandelsplitter geben. Statt eines Backblechs können Sie auch ein Tablett oder ein großes Brett verwenden. Bereiten Sie verschiedene Varianten des Rezepts zu (siehe großes Foto). Verwenden Sie zum Beispiel 50 g Cornflakes statt der gestiftelten, gebräunten Mandeln (2) oder tauschen Sie die Zartbitter-Schokolade mit Lebkuchengewürz durch weiße Schokolade mit Zimt oder Vollmilch-Schokolade mit Spekulatiusgewürz aus. Statt Orangeat schmecken auch Zitronat oder getrocknete Apfelscheiben.

Kapitelregister

Beschwipste Konfektverführungen

Fruchtige Konfektsünden

Konfektgenuss mit Gewürzen, Nuss & Co.

Alphabetisches Register

A/B/C

E/F/G

H/J/K

Abkürzungen

EL = Esslöffel
TL = Teelöffel
Msp. = Messerspitze
Pck. = Packung/Päckchen
g = Gramm
kg = Kilogramm
ml = Milliliter
l = Liter
Min. = Minuten
Std. = Stunden
evtl. = eventuell
geh. = gehäuft
gestr. = gestrichen
Ø = Durchmesser

Nährwertangaben

E = Eiweiß
F = Fett
Kh = Kohlenhydrate
kJ = Kilojoule
kcal = Kilokalorien
BE = Broteinheiten

Hinweise zu den Rezepten

Lesen Sie bitte vor der Zubereitung – besser noch vor dem Einkauf – das Rezept einmal vollständig durch. Oft werden Arbeitsabläufe oder -zusammenhänge dann klarer.

Bewahren Sie Konfekt mit frischen, kühlpflichtigen Zutaten (z. B. Schlagsahne) im Kühlschrank auf und verzehren Sie es innerhalb der im Rezept angegebenen Haltbarkeitszeit.

Zubereitungszeiten

Die Zubereitungszeit beinhaltet nur die Zeit für die eigentliche Zubereitung. Längere Wartezeiten wie Durchzieh- und Kühlzeiten sind nicht mit einbezogen.

Für Fragen, Vorschläge oder Anregungen stehen Ihnen der Verbraucherservice der Dr. Oetker Versuchsküche Telefon: 0 08 00 71 72 73 74 Mo.–Fr. 8:00–18:00 Uhr, Sa. 9:00–15:00 Uhr (gebührenfrei in Deutschland)
oder die Mitarbeiter des Dr. Oetker Verlages
Telefon: +49 (0) 521 5206 45 Mo.–Fr. 9:00–15:00 Uhr zur Verfügung
Schreiben Sie uns:
Dr. Oetker Verlag KG, Am Bach 11, 33602 Bielefeld
oder besuchen Sie uns im Internet unter www.oetker-verlag.de.

Umwelthinweis Dieses Buch und der Einband wurden auf chlorfrei gebleichtem Papier gedruckt. Die Einschrumpffolie – zum Schutz vor Verschmutzung – ist aus umweltfreundlichem und recyclingfähigem PE-Material.

Redaktion Andrea Gloß

Wir danken für die freundliche Unterstützung HENKELL & CO. SEKTKELLEREI KG, Wiesbaden

Titelfoto Thomas Diercks, Hamburg
Innenfotos Janne Peters, Hamburg (S. 4–11, 14–17, 20, 24–27, 30–33, 38, 39, 42, 43, 46–49, 52–57)
Antje Plewinski, Berlin (S. 22)
Axel Struwe, Bielefeld (S. 12, 13, 18, 19, 28, 29, 34–37, 40, 41,44, 45, 58–61)
Brigitte Wegner, Bielefeld (S. 50, 51)

Foodstyling Michaela Pfeiffer, Hamburg
Eike Upmeier-Lorenz, Hamburg

Rezeptentwicklung und -beratung Michaela Pfeiffer, Hamburg
Eike Upmeier-Lorenz, Hamburg

Nährwertberechnungen Nutri Service, Hennef

Grafisches Konzept kontur:design, Bielefeld
Gestaltung kontur:design, Bielefeld
Titelgestaltung kontur:design, Bielefeld

Reproduktionen kontur:design, Bielefeld
Satz JUNFERMANN Druck & Service, Paderborn
Druck und Bindung Druckerei Stürtz, Würzburg

ISBN 978-3-7670-0816-8